Vision

一些人物，
一些視野，
一些觀點，
與一個全新的遠景！

다 이아리

都 是 李 雅 莉

「約會暴力」──
誰都可能受害，卻誰也不敢說

李 雅 莉 著

林芳如◎譯

目錄

序言

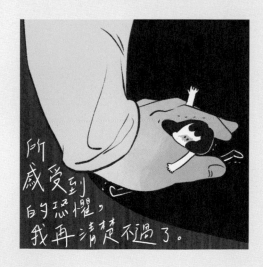

都是李雅莉。

任何人都有可能是「李雅莉」。

EPISODE. 1
那個人

成天暴力相向的人，看起來會很凶惡嗎？還是反而長得平凡無奇？

就像寄居蟹將真正的身體藏在堅硬外殼裡一樣，「那些人」，也是帶著各式各樣的面貌在過生活。

假如，只有在不惹他生氣的前提下，兩個人才能和平、幸福地在一起，但一發生爭執，他對我的態度就大轉變，過去積累的一切瞬間支離破碎……

那麼，這段關係就和海邊的沙堡沒什麼兩樣──不知何時會被海浪沖垮，岌岌可危。

平常，他都叫我「玻璃女孩」，小心翼翼地呵護我。

但他卻殘忍地打破這片「玻璃」，然後重新拼湊著黏起來，接著，又再一次打碎……周而復始。

位置對不上、凌亂拼貼起來的玻璃，無法正常折射出這個世界，即使衝擊再小，也會使它無力地瓦解。

他的
黑影

被外表的
光芒
擋住了，
所以看不到。

他總是
自信
十足。

妙語如珠，
輕易贏得他人的好感。

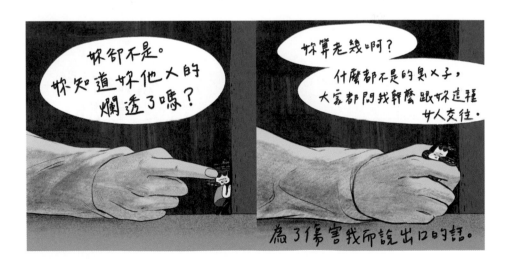

過不了
那樣的生活。

【讀者迴響】

＊我是個母親，兩個女兒分別是三歲和五歲。我從第一篇的連載就開始看了，但這是我第一次留言。有女兒的我，真的常常很想給妳一個「媽媽」的擁抱。妳好不容易才鼓起勇氣克服這一切，我會為妳加油的。（j.h***）

＊跟我的經歷太像了，所以我深有同感。他也是說，他只會對我這樣，說是因為我惹他生氣，所以他才會罵髒話……（le***）

＊那種傢伙的特徵就是狡辯說：「是妳把我變成這樣的！」他在其他地方是個大好人，所以連他自己也信了那種鬼話。希望處境相同的人能夠明白，絕對不是自己把那個人變成那樣的。（ch***）

＊我從一開始看時就在想「怎麼會有這種人」，結果不久前，我的親妹妹也遇上了同樣的事。當然，得讓他們平和地分手，但是要做到這點，還真不容易啊！（in***）

EPISODE. 2
網子

短裙、深 V 領 T 恤、緊身洋裝……他說我穿這種衣服會被別人盯著不放，擺出一臉討厭的男友姿態——這很常見，而總是以「愛」當作藉口。

就算我成了誰的女朋友，我要怎麼樣還是由我自己決定，而不是對方決定。

我要怎麼打扮，和我是不是某個人的女友，這是兩回事。

穿著寬鬆 T 恤和長褲的我，與穿著短洋裝展露身材的我，是同一個我，只是選擇不同罷了。

但是，他想要把我塞進他喜歡的框框裡，把不合他的標準的，全都切除。

我的世界，別人進不來，就連我自己也被排除在外；只有他獨占。

突然，他用力抓住我的脖子，把我拖到巷子裡。

那天，淅淅瀝瀝下著雨。

我一腳的高跟鞋掉了，被他拖著走。

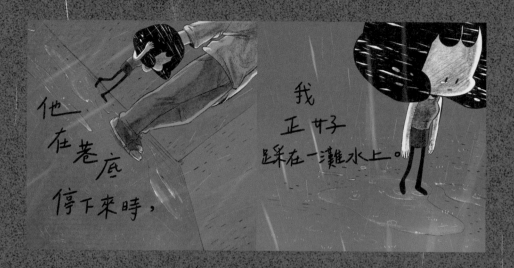

無力地
看著

他去撿高跟鞋
的背影

仔細回想，
對他
來說，　　　　我不是被
　　　　　當作「人」
　　　　　來尊重。

聽話，　　善良…

漂亮，

而是應該被調教成
那樣的女人吧？

以愛情之名，
什麼都有可能發生。

他把
我身邊的人
清得一乾二淨。

如果是男生，

就刪除或封鎖
對方的電話號碼。

女生
也不例外。

他不讓我見
愛上夜店或愛喝酒的朋友。

他說……

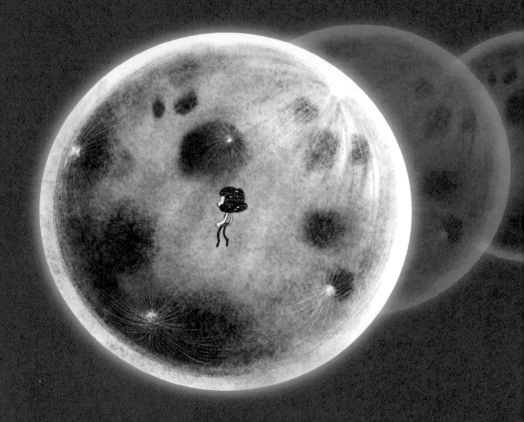

那是「愛」。

他好像想把我
變成一座孤島——
沒有他，
　　　就什麼也做不了。

果然只有我了吧？

沒有他
就會寂寞
　　的孤島。

【讀者迴響】

＊為什麼我會一邊說著：「太誇張了……」一邊想起某個人？為什麼我氣到
手在發抖？讀了留言，我想著怎麼會有那麼多情況類似的人；又想著，怎麼
有這麼多人不會遇見那樣的男人。「我為什麼這麼倒楣？」我一方面自問，
一方面又想叫自己別再自責。（_hy＊＊＊）

＊好像都是這樣的，那些人在施暴時，並不清楚自己在幹麼，等達到目的或
發洩完了，才會發現自己做了什麼。那當下，他們不曉得自己在幹什麼吧？
一旦陷入了那種狀態，我怎樣都阻止不了，也勸不了……後來我只能求饒，
因為這是最快擺脫那種情況的方法。以前我的身邊只有他，沒有別人的時候，
我就是那樣。（gw＊＊＊）

＊這些情節是學校有教過嗎？約會暴力課？為什麼會有這麼多人遇上類似的
情況啊？真是氣死我了！（eu＊＊＊）

EPISODE. 3
自由的性

幾點起床、要穿什麼衣服、噴哪一款香水、去哪裡吃東西和吃什麼、做什麼事……我的一天怎麼過，由我自己選擇。

如果是自己度過一天，我會從眼前數不清的選項之中，選擇最想做的事情。

但是，跟別人在一起時，問對方在何時和何地見面、要做什麼，和對方一起討論是再理所當然不過的事。

約會的時候，當然會有這些過程。戀人之間的親密接觸也需要徵求對方同意，要彼此意見一致才行，不是嗎？

「妳不是也想要嗎？」

「我們不是在交往嗎？」

「是妳誘惑我的啊！」

連問也沒問過，就陷在自己的錯覺中，撫摸我，或強制我該怎麼做……這些都只是你施加的暴力。

我從來沒有同意過你的想法。

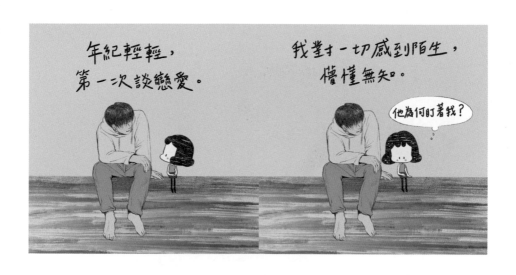

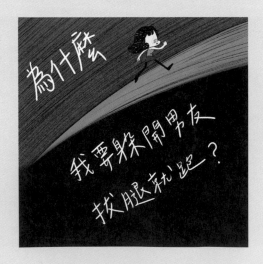

學生時代的我
很會跑步。

跑過接力賽，
和短跑。

……我也有可能
不想要
親密接觸啊。

並不是
跟一個人交往，

就得接受所有的事，
不是嗎？

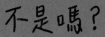

【讀者迴響】

＊看來大家的經驗都不一樣。雖然我沒有經歷過像妳那樣的性暴力，但是，以前我很常在孤立無援的情況下挨揍，最後分手的那一天也是。看到這一篇裡的逃跑畫面時，我回想起那天……我們吵了一架，深夜裡，我正想躺下來睡覺時，他卻突然按了我家大門的密碼，打開電子門鎖，闖進來把我拖到角落，抓我的頭去撞牆。我穿著睡衣便奪門而出。外面一片漆黑，有亮燈的地方只有便利商店，我只好躲在那裡無聲地哭泣。這一篇，讓我想起了那個晚上──追著我跑的不是我男友，而是野獸。（hy***）

＊暴力才不浪漫。我平時感受到的恐懼才不浪漫。真不知道為什麼暴力會被連續劇包裝成那樣。（se***）

＊跟被橫衝直撞的汽車撞到一樣致命的，好像就是約會暴力。別再把那種罪行和「愛」這麼美麗的字扯在一起了！！！（so***）

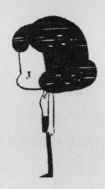

EPISODE. 4
暴力枷鎖

他跪在我面前，一邊自責地哭著，一邊說他會反省自己。

對我來說，那是一輩子的恐怖回憶；對他而言，只不過是一時糊塗。

假如我選擇原諒，等於給了他免死金牌：「原來我這樣做，她都能接受。看來，她也很愛我。」

反覆循環的暴力，不斷積疊的免死金牌，讓他能夠手握著堅實盾牌，揮下更具有威脅性的刀鋒。

人，是絕對不會改變的。直到經歷了慘痛的教訓，我才明白這一點。甜蜜地想著「他會因為我而改變」，只是一種不切實際的幻想。

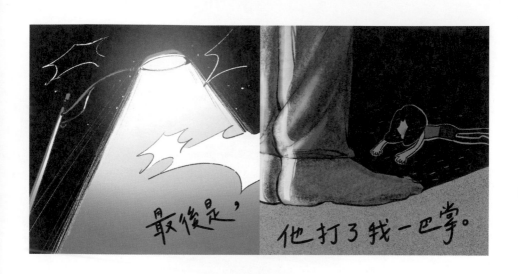

最後是，

他打了我一巴掌。

我太錯愕了，
連一點疼痛
也感覺不到。

我只記得

停車場地面的冰冷……

紅腫的
滾燙臉頰……

克制不了怒氣，
揮拳搥牆的他……

他把我扶起來，

還有，
旁邊的窗戶。

讓我坐在窗台上，

又打了我兩次。

我才有了真實感

放聲哭泣，

他急忙送我離開，對我說……

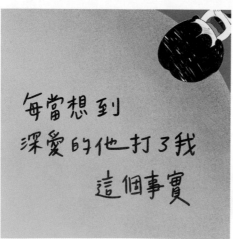

我的世界
就會崩塌。

嗚嗚……

呼……

嗚嗚……嗚……

提分手，
也是在我收拾好情緒
才有辦法。

我必須繼續上班，
必須擺出笑臉。

無法告訴別人這一切⋯⋯

【讀者迴響】

＊窗戶那一段，我也很有感觸，所以很心痛。知道朋友要我和他分手，他說：
「對他們來說，妳只是飯後的八卦對象。跟我分手的話，妳就會變成自己一
個人……」以前我曾經想逃走，也被他罵過「破麻」，挨他的揍，但是當時
的我連要產生逃脫的意志都很難。每天晚上，我都努力克制住自己望著窗外
想跳樓的念頭，一天只睡一、兩個小時。和他才交往幾個月，我就瘦了至少
八公斤。幸好，現在我遇到了好人，療傷之後，我又能談戀愛了。雖然事情
過去三年了，但創傷只是稍稍減輕而已，絕對不會消失，有時候我還會突然
頭暈。李雅莉，謝謝妳鼓起了勇氣。希望大家都能明白，這不是對的愛。
（ne＊＊＊）

＊第一次被他甩耳光的時候，我真的感覺不到痛。我挨了三、四下巴掌。從
他家被趕出來，回到自己家照鏡子時，才發現自己雙頰紅腫，眼中布滿血絲。
我失神地哭著，還不斷收到他傳來的髒話。我正要回訊息叫他別傳了，想告
訴他，我也有錯，被他懲罰過，他也該洩恨了，想要他冷靜一下……這時候，
他打了電話來，說自己太過分了、對不起之類的。聽他道歉時，我還覺得很
感激，心想：「啊，原來他會向我道歉，那就原諒他吧。」為什麼當時我會
那麼做呢？直到現在，我還是無法理解。那一次之後，他當然還是沒有停止
施暴。我好厭惡自己當時就那樣算了。（se＊＊＊）

＊雖然每天看妳的漫畫，我都會按讚，但是今天這一篇，我真的很難按下去。
妳有多辛苦……在將這些痛苦畫出來之前，妳又煩惱了多久……我簡直無法
想像。雖然很難說清楚，但是，我真的很想表達心意，安慰妳。（ju＊＊＊）

EPISODE. 5
辛苦的分手

早晨的到來，令我痛苦。睡醒之後又是一陣難受，我想要永遠睡著就好。

雖然經過理性考慮後，我向他提了分手，但是每一天，內心總會崩潰幾次。

朋友發現我的狀態不對勁，傳訊息給我：「妳是值得被愛的人，為什麼要和那種人交往？」看到這句話，我又哭了。

他對我笑著、溫柔說話的模樣，和臉紅脖子粗地威脅我、對我施暴的樣子，在我腦海中攪成一團，讓我越來越混亂。

雖然
提了分手，
他還是
不斷聯絡我。

我封鎖了
所有的聊天軟體、
電話、簡訊

也換了電話號碼。

但是……

他知道我工作的地方和我家。

一直找上門

糾纏了兩個月。

執著？愛意？

分不清的我……

我錯了……
我不會再那樣……

時間過去，我內心開始動搖。

【讀者迴響】

＊「讚」只能按一次好可惜啊，我想給很多讚。唉！就算那些事情過去很久了，我還是記得牢牢的，但是那傢伙早就忘得一乾二淨了吧。（da＊＊＊）

＊撇開這一點，他是個好人＝因為這一點，他不是好人。妳能就這樣乾脆地撇開「這一點」嗎？那個人就不是善類啊！（ra＊＊＊）

＊啊，光是看到他的人就怕得發抖……看到相似的身影就會全身發抖的感覺。每一回的故事發展都令我心痛。（ne＊＊＊）

＊良心被狗吃了！竟然還找到家裡來 T_T 唉！分手後，還陷在自己的情感當中，找上女生家，還有一廂情願地聯絡，我真的覺得這些都算是暴力。好可怕。（ai＊＊＊）

EPISODE. 6
信任的終結

我曾經覺得，他犯錯都是我造成的，他沒有改，說不定是因為我也有問題。假如我改變了，他會不會也不一樣了呢？

如此盲目地信任，說不定是因為我很希望能幸福。

如果立刻跟他分手，我就會變成自己一個人了。除了他之外，我沒有可以見面的人、沒有可以依賴的人。被他干涉而斬斷的緣分，早已變得千絲萬縷，各自飄散。

他在我內心播下的不幸種子萌芽，生了根。就算我得忍痛承受，還是很怕真的去拔起那整株雜草，因為在我心裡，那雜草，是唯一有生命的東西。

過了很久以後，我才領悟到，我必須立刻拔掉那株雜草，其他種子才有地方冒出新芽。

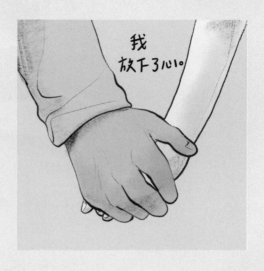

我
放下了心。

【讀者迴響】

＊想再給深愛的人一次機會，我不覺得這樣很傻，而是背叛了信任的加害者太壞了。（se＊＊＊）

＊就算已無所謂了、就算過得再好，這輩子，我應該也不敢將這種經歷寫出來，留下來。謝謝妳鼓起勇氣留下紀錄，讓其他人知道這些事實。我會一直為妳加油的。（go＊＊＊）

＊我媽在聊到談戀愛的事情時，說過一句話：「破了的碗就算能重新黏起來，裂痕也不可能彌平。」姑且不論裂痕，這種暴力行為一旦發生了，關係就回不去了。（dj＊＊＊）

EPISODE. 7
警局

我至今仍忘不了那天凌晨的空氣。眾人安睡之際，寧靜的街道、昏暗的天空、起了霧的灰濛濛窗戶，以及偶爾傳來的無線電聲響，還有我出門時匆忙披上的黑外套，那冰冷的觸感。

前往警察局時，和抵達後做筆錄時，我一滴眼淚也沒流。

我不敢相信這是真的，只等著這一刻能快點過去。

結束調查後，到了外頭，已經是早上了。彷彿什麼也沒發生過，人們一如往常地忙碌，而我在人群之中，拖著沉重的腳步，回到家裡。

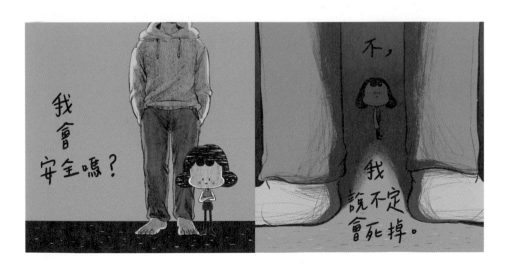

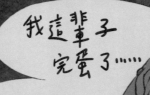

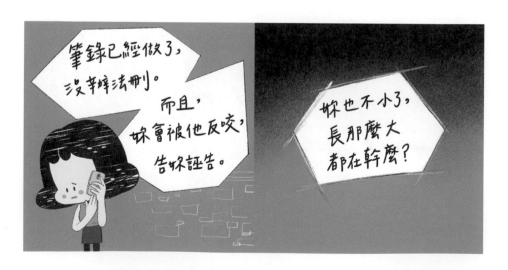

【讀者迴響】

＊那些會留下案底的加害者，他們的人生比還要繼續生活下去的受害者重要
——這個社會太奇怪了，讓人太無言。（gk***）

＊大家把「強欺弱」的事想得太理所當然了，才會去指導弱者該怎麼做吧。
真希望大家在叫受害者和對方斷絕往來、離開對方之前，可以先想想受害者
的處境，給他們安慰，讓他們能夠鼓起勇氣。（*****）

＊我覺得這部漫畫最重要的編排之一，就是畫出了有暴力前科的人也有可能
「很正常」、「長相清秀」，甚至是個「帥哥」。看起來很正常的傢伙也會施暴，
不露聲色地在言語或行為上，施加情感虐待。（*****）

EPISODE. 8
轉捩點

「**我**是因為喜歡妳才這樣的。」

「妳好像瞧不起我。」

「我再也不會這樣了，我會懺悔一輩子的。」

就像不同的演員拿到了相同的一套劇本，約會暴力加害者說的話也一樣。

同樣地，受害者的模式也很相似：覺得戀人已經反省了，所以內心抱著「以後會不一樣」的期待，和不切實際的信任；還有，情感操控造成的低自尊，反覆箝制的暴力和打擊的枷鎖……

新聞上出現的事件，再也不是別人的事。「我會不會也淪為悲劇主角？」這樣的恐懼，將我推入了黑暗深淵。

暴力與謝罪
的枷鎖，
輪迴箍住我。

我問他

你為何這樣？

他說，
因為我。

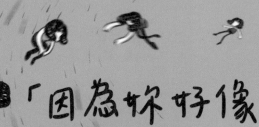

「因為妳好像

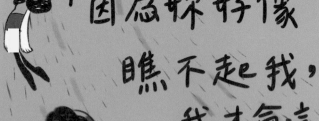

瞧不起我，

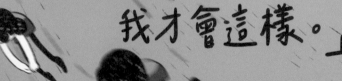

我才會這樣。」

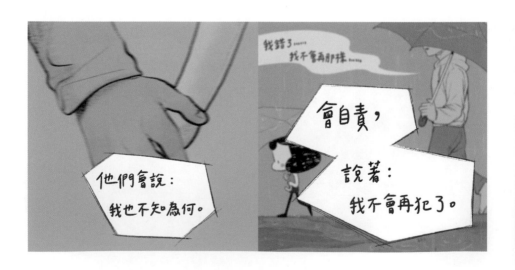

我感覺到，我期待他改變、
等他改變……

其實
是在走向
可怕的
盡頭。

「必須 分手
我現在必須分手
我想分手」

我下定決心。

但長久以來拼錯的

關 係 碎 片

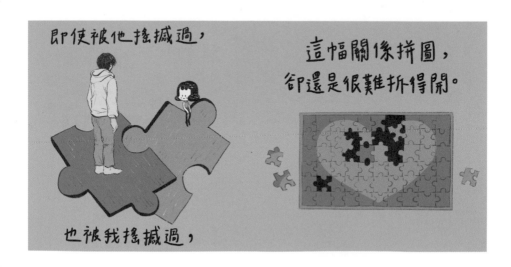

即使被他搖撼過，

也被我搖撼過，

這幅關係拼圖，
卻還是很難拆得開。

104

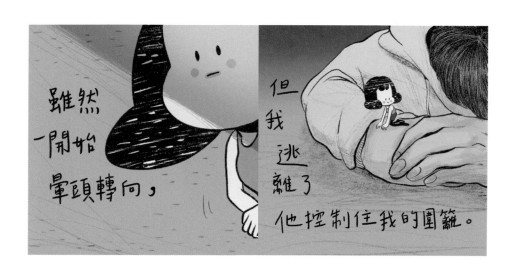

【讀者迴響】

＊他要是真覺得被「瞧不起」，應該會傷心地想著：「為什麼要這樣對我？」
這種反應才正常吧？而不是像那樣施暴、破口大罵……看得出來他本來就不
愛妳。（op***）

＊雖然很難說那種情況就是瞧不起人，但是，若被主管「瞧不起」、被魁梧
的男人「瞧不起」，他也可以像揍女友那樣揍他們嗎？（po***）

＊都說江山易改，本性難移──除非換了一個人。我覺得表現過暴力傾向的
人就算看起來改變了，還是很像不知何時會爆的不定時炸彈。祝願大家分手
時，都能和平收場。（hj***）

EPISODE. 9
不速之客I

不想見到的訪客，不請自來地上門，感覺就像平靜地走在山路上，途中卻遇到熊或野豬一樣，令人心驚肉跳。

即使躲到山洞裡，我也無法安心，因為他很熟悉通往洞穴的那條路。

那道牆，
　　只有野貓走來走去

一想到
　　他爬上牆……

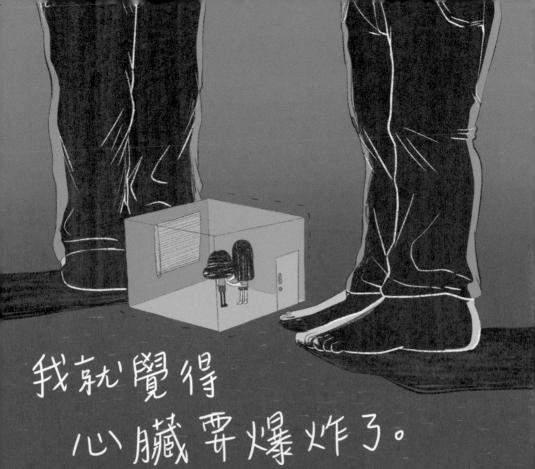

我就覺得
心臟要爆炸了。

【讀者迴響】

＊很久以前，我聽朋友說過，有個女生一直不開門，結果對方從門底下塞進殯葬歌曲專輯。聽說那個女生和她妹妹也是嚇到不行。（jo***）

＊對這種情況的恐懼、對妹妹的歉意和痛苦……我光是看到圖畫都感覺得到了。那麼，當事人該有多痛苦啊？（yo***）

＊自從有個男人爬上停著的卡車，從我房間的窗戶偷窺之後，我就再也不敢住三樓以下的房子了。就算是大熱天，我也會緊閉門窗。女生應該付貴一點的房租當作保護費──對於這句話，我有了新的體認。（go***）

EPISODE. 10
不速之客 II

搬到我現在住的地方時，是他幫我搬家的。想來真是後悔，早知道，我就和妹妹兩個人一起搬了。他知道我住哪裡，這點讓我很有壓迫感。

我們反覆分手又和好了幾次，但他仍然一點也沒變：一喝醉就激動到失控，還有將所有問題的矛頭都指向我，對我口出惡言，以及違背常理的極度偏執。而且，現在不僅針對我，他還連我周遭的人都威脅，我恨死他了。

外頭
傳來

房東的
聲音、

他的
叫聲

和警察的
說話聲

全部混在一起，
吵得沸沸揚揚。

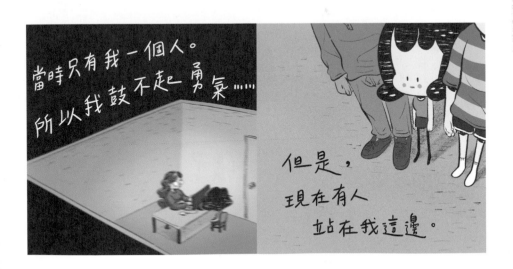

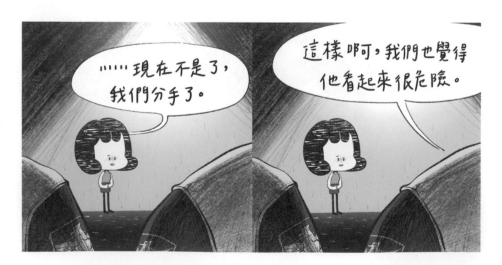

警察明明
也很擔心
我

但是——
現行的法律

沒有能「事先」阻止他，
或能「實際」保護我
的方法。

阻止他、
躲他，
又變成
我自己
的事了。

警察
就這樣
回去了。

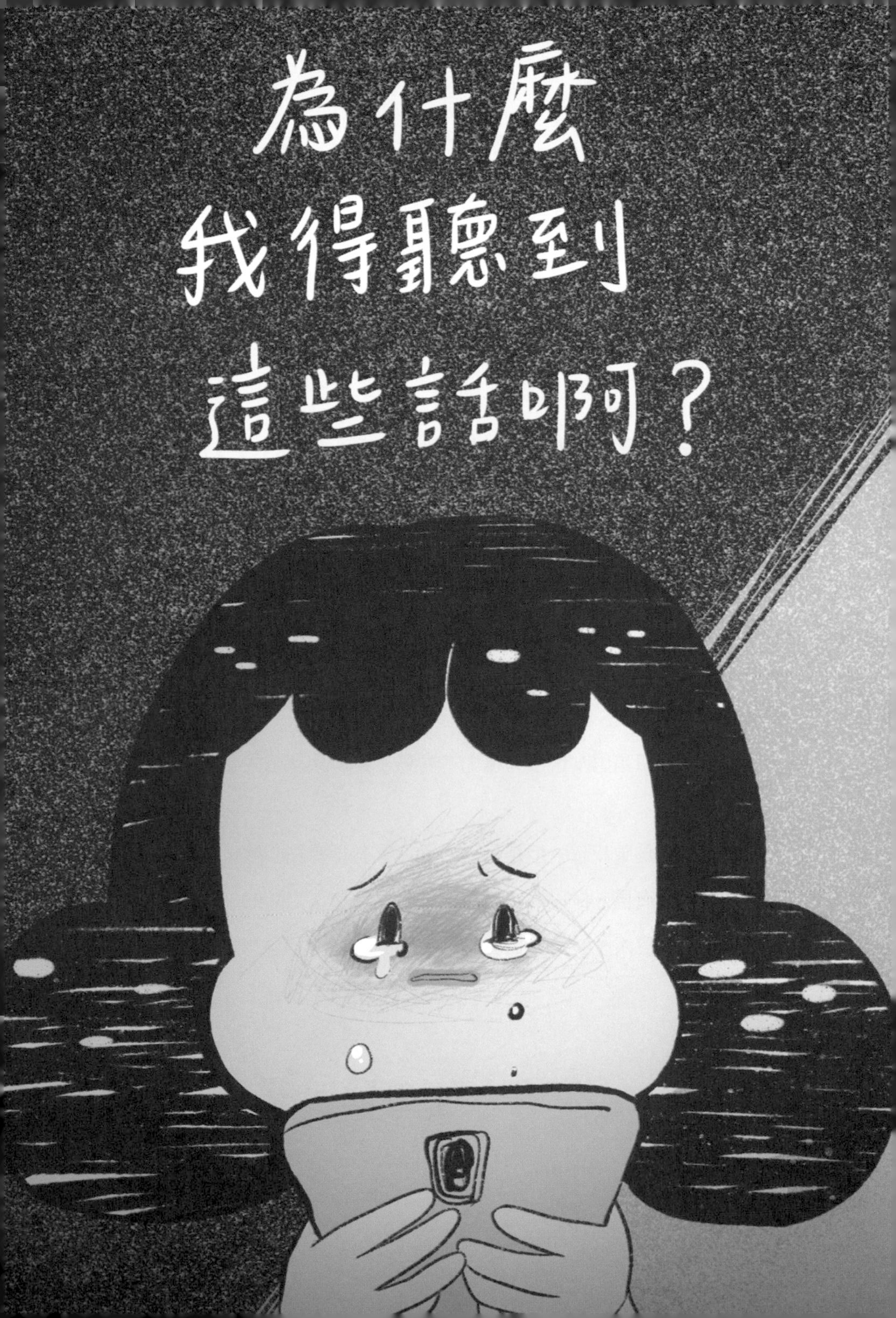
為什麼
我得聽到
這些話啊？

【讀者迴響】

＊哇！這麼不真實的故事一再發生，我覺得好恐怖。（uo***）

＊曾經有個我沒交往過的熟人，在半夜喊我的名字，企圖打開我家的門。我就像作者李雅莉一樣裝作不在家，關上了所有的燈，躲在棉被裡。我怕他會進來房間，所以連房門都上鎖。擔驚受怕好幾個小時之後，天一亮，我就去報警了，警察卻說因為沒發生什麼狀況，所以他們也不能怎樣。警察說，如果我認識對方，就先把對方的姓名和聯絡方式告訴他們，如果我出事了，他們會先調查那個人⋯⋯（be***）

＊大喊著「就算是男友也沒有權力這樣做」的房東叔叔太感人了，好帥呀！（pe***）

＊雖然很感謝房東叔叔，但是另一方面，又覺得有點心酸。我想起之前看到有人留言說「有男人保護妳，就應該知足、感恩」之類的，我回對方：「我想要一個就算沒人保護我，我也很安全的社會。」（ta***）

EPISODE. 11
受害者的遭遇

我從來沒有對別人詳細描述自己所經歷過的，只有讓幾個人知道他會砸東西或是辱罵我。

被他甩耳光、被他勒住脖子，以及被他關在車子裡的事，我隻字未提，因為我怕別人覺得我很奇怪。

「妳真沒有看男人的眼光。」

「應該是妳也有不對的地方吧？」

「原因出在妳身上吧？」

「早該分手了。」

「為什麼這麼傻？」

我沒有信心去承受隨之而來的目光和批判。即使不是我的錯，我還是感到怯懦。

但是，我現在能講出口了：說我經歷過那些事，說那不是我的錯，說我沒有錯，說我每一刻都盡了全力。

如果有攻擊的
加害者，

和受傷的
受害者，

「為什麼不聽話？」
「為什麼不逃？」
這樣問是對的嗎？

不是應該這樣說嗎?
「別打人,」
「別欺負人。」

不是應該把受害者
和加害者分開,
採取適當措施嗎?

社會欠缺能阻止
加害者的強力法律
及體系。

我
只能無奈地
從中逃離。

他要是很幸運地
沒被捉住，

他——

呼……

會反省嗎？

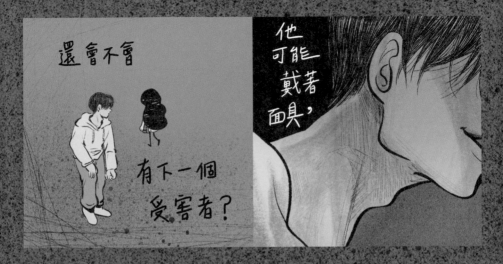

還會不會

有下一個
受害者？

他可能戴著面具，

接近妳、
妳的朋友、
和妳的
家人。

我很想問——
若是如此，
受害者逃跑和迎合加害者，

大家
還會說這是
解決之道嗎？

【讀者迴響】

＊我一口氣認真地從第一篇看到這一篇，覺得自己有時像在看新聞，有時候，像站在灰濛濛的破碎畫面前，又或是直面凝視著這些真實的人。這部作品讓我明白，我們亟需關於約會暴力、跟蹤狂的法律懲戒。最重要的是，妳的圖畫和文字本身就是傑作。謝謝妳畫出這麼好的作品。（*****）

＊當我從暴力中解脫時，最先聽到的話是：「這樣聽起來，妳好像也沒做對什麼事嘛。」就算過去了好多年，直到現在，那句話還是令人很扎心。責怪受害者的話語，會造成更深的傷害。（ro***）

＊我們國家的人，對加害者和受害者的看法好像有點「獨特」。我覺得，有那種觀點的人和加害者沒什麼兩樣。（*****）

＊現實就是：大家想盡辦法從「加害者」身上，找出引發犯罪的可憐遭遇；而想盡辦法從「受害者」身上，揪出應該受罪的錯。（*****）

＊受害者就是受害者。「怎麼不早點分手？」這句話對受害者來說，是二次傷害。（i_***）

EPISODE. 12
分手之後

幾個月後，我搬家了，搬到離原本住的社區很遠的地方。

我刪掉社群軟體的帳號，手機號碼也換了好幾次，換到熟人都搞不清楚我的電話號碼，重新問過我好幾遍。

直到那時，我才能稍稍放心──他總算再也找不到我了啊！

我設下圈套，挖陷阱，還開闢了小徑，至少他在來的路上會迷路吧。

真心期望他過得幸福，不要再想起我。還有，希望他不要那樣對待下一個交往對象。

你的所作所為不叫愛。那不是愛。

照片裡，
我笑得很開心。

真傻，
有什麼好開心的。

確定要刪除嗎?

確定　　　取消

我刪掉所有照片。

這幾年的青春‖‖‖

左手
無名指

戴過的戒指

和珍藏的信件，

消失殆盡。

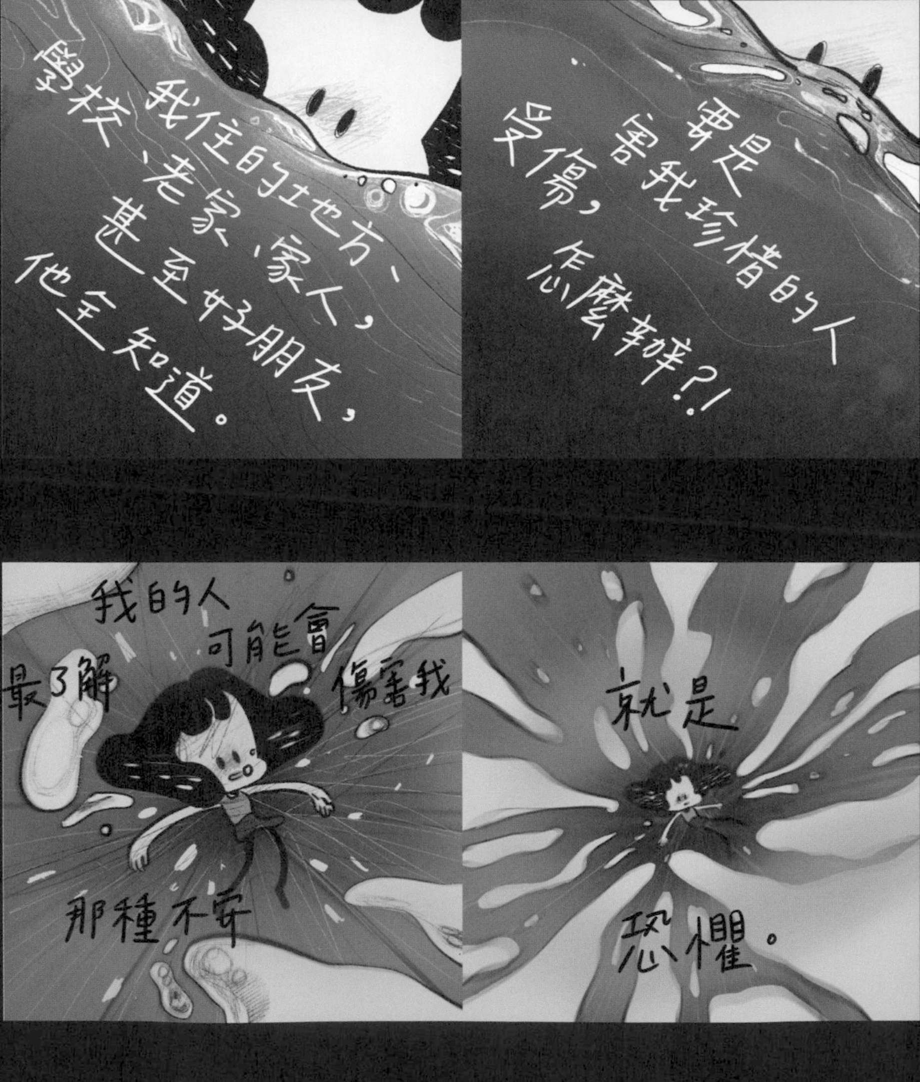
我住的地方、
學校、老家、家人，
甚至好朋友，
他全知道。
要是
害我珍惜的人
受傷，怎麼辦?!
最了解
我的人
可能會
傷害我
那種不安
就是
恐懼。

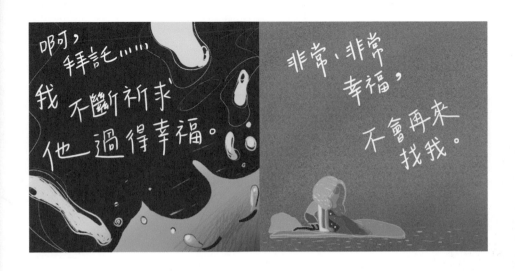

他 很偏執

我很清楚他那雙一不如意就會發狂的眼睛。

就算想殺我也做得到。

所以，我覺得如果是他，

為了
躲過
那把刀
我該怎麼做?

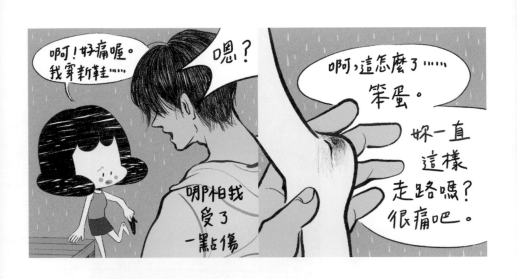

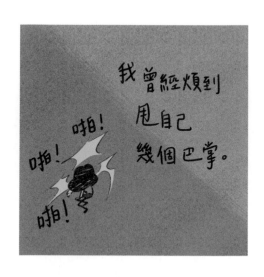

【讀者迴響】

＊這些是真的嗎？我無法想像那有多恐怖……一想到那種事可能發生在自己身上，或是我女兒可能也會遇到，我就全身起雞皮疙瘩。想到作者真的在恐懼中瑟瑟發抖的模樣，我就感到非常心痛、傷心、生氣又憤怒。謝謝妳咬牙撐過彷彿身在地獄的那段時期。（eu＊＊＊）

＊沒錯，真的是因為我太累了，所以我才會祈禱對方幸福。我周遭的人都沒辦法理解這點。（ju＊＊＊）

＊要是這世上所有的「李雅莉」都能沉浸在幸福中，不要想起痛苦的過去，該有多好。在記憶突然湧現而感到窒息時，也有人理解自己、以愛擁抱自己，那很幸運吧？（wo＊＊＊）

EPISODE. 13
句點與問號

直到現在，走在路上看到有點像他的人時，還是會令我膽戰心驚。

為了劃上句點，我不知道提過多少次的分手，不曉得逃跑後，又被他挽留過幾次。

我們一次再一次地，分手、和好……漸漸地，我對暴力感到麻木了，越來越難分。我又讓他認為我會選擇原諒和接受。

我想結束這段令人窒息的戀情，好像只有如此，我才能活下去。

我無法忍受陌生的自己。

猶豫了許久
我還是聯絡了
他姊姊。

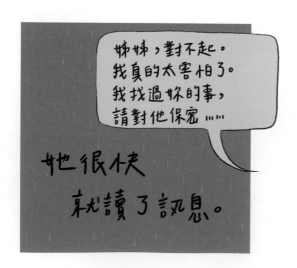

我還沒有
足夠的
勇氣
聽她的
回答，

突然
好怕……

所以我慌張地
按下
封鎖鍵。

轉達過意思就好，
別太貪心，
他們是家人，
姊姊也許會
袒護他……

開什麼玩笑？
我弟不可能那樣。
是你有錯在先吧。

她會不會
不理我？

所以，
不聽到
　回答，

好像才是
　保護
　　自己　的方法。

我幻想
姊姊站在我這邊，
　替我阻止了他。

　　我決定
　往好的方面想。

然後，

很神奇的是……

他
再也沒有
找過我。

咻

咻

咻

咻

咻…

他放手的原因

我不曉得。

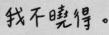
是姊姊幫忙？
還是怕我又報警？
他反省了嗎？
跟別人交往了嗎？

而且隨時可能
　會鑽出來

將我

吞噬。

我急著
　想要
　　快點
　　遮住傷口。

我想證明……

沒有你，
我也很幸福。

不，
是沒有你，
我才能幸福。

【讀者迴響】

＊幸好那段關係結束了。但是，在「他」消失之後，面對沒有特定目標的不安和無止境的憂鬱，反而讓我產生一種永遠也甩不開的無力感，所以我之前有好一陣子更加辛苦。希望雅莉可以盡早恢復，沒有錯過太多的人生。（ji***）

＊我最近充滿了問號。意思是我……需要有個了結。我要何時才能劃上自己的句點呢？（a6***）

＊我也曾經急著想要遮蓋住傷口，結果藏得不夠仔細，所以當時的記憶偶爾會在不經意間浮現。但是，沒關係的，妳還是做了很了不起的事情。大家都忙著遮掩自己的傷口，像妳這樣把問題的嚴重性說出來，少之又少。多虧了妳，大家更關心「約會暴力」的議題了，受害者的壓力也因而減輕、有機會表達自己的痛苦，不是嗎？就算當時的記憶暫時被日常掩蓋，又突然冒了出來，妳也別忘了，現在的妳不是一個人，至少看過這本書的讀者，以及其他許多人，都在不知不覺間站在妳這邊了。（so***）

EPISODE. 14
徬徨 I

跟他分手後，我獲得了許多緣分的種子。哪一顆種子種下去，才會健健康

康地扎根呢？我想了又想，希望我的心田能長出清香撲鼻的植物。

可是，種子還沒來得及向下扎根，就凋零了，變成另一株雜草。

我翻遍整片心田，發現：原來你也是雜草啊……結果，你也是這樣啊……

我再也不想種什麼種子了。

不知道這樣是不對的子，才更可怕。

所以我乾脆說……

我要回家。

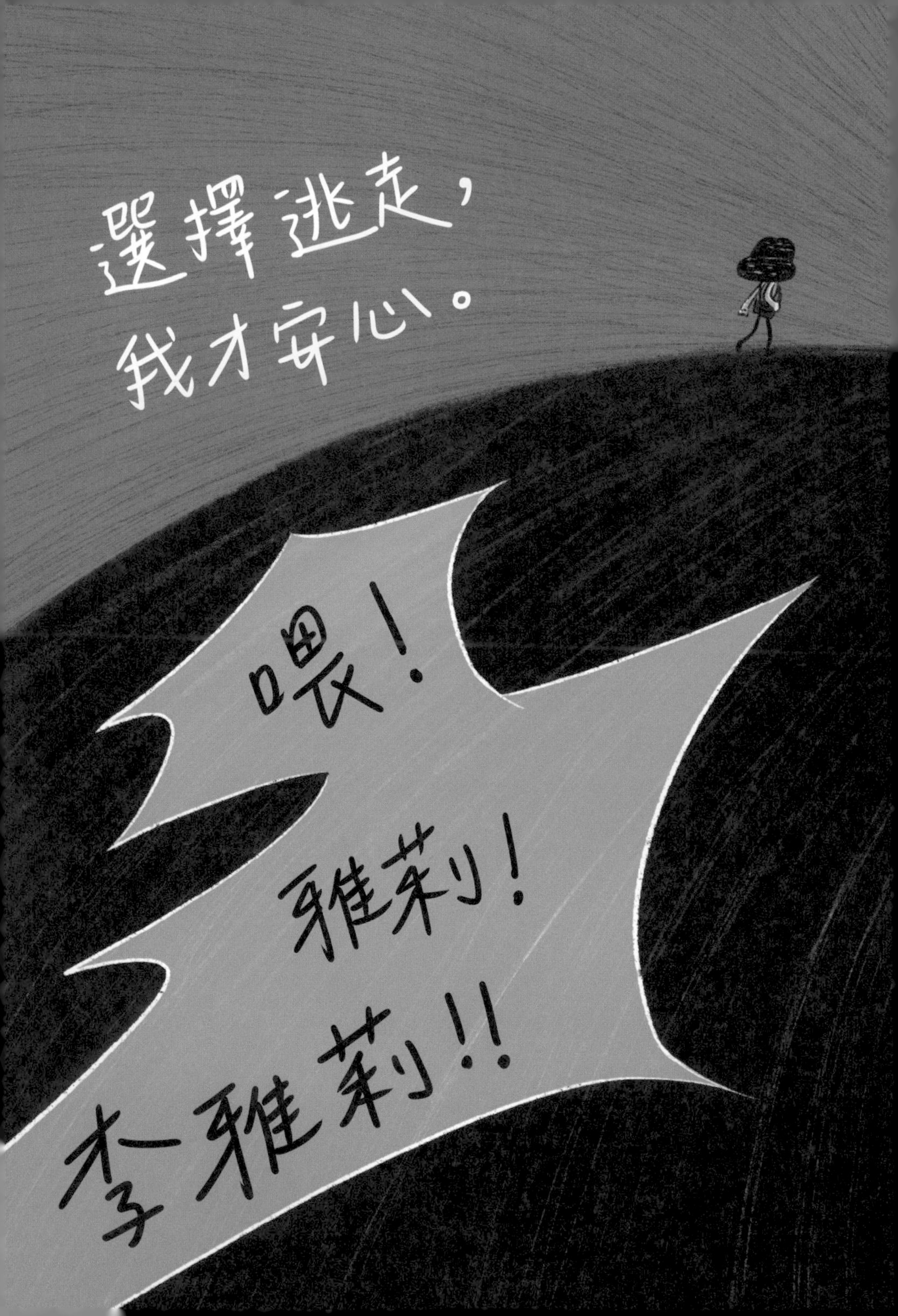
選擇逃走，
我才安心。
喂！
雅莉！
李雅莉！！

【作者的話】

我知道不是所有人都這樣，好人很多，只是當時接近我的人真的都很奇怪而已。雖然我有時候需要求助他人來治療傷口，但是我現在知道，最重要的是我要照顧好自己。希望各位都能健康、幸福。

【讀者迴響】

＊這篇的內容最讓我毛骨悚然。好可怕。就像硬是拿不合適的水泥填補地板的洞，結果水泥在洞裡裂開，導致洞變得更大……太可怕了。（rl***）

＊雖然自認為藏得很好，沒有露餡，但是受了傷、痛苦的人有多脆弱，那種「鬣狗」其實都看得一清二楚。他們把妳設定成目標，一開始對妳很好，然而，過沒多久就露出本性。這不是上鉤者的錯，而是那些壞人的錯。被壞人控制太久，別說是自尊了，就連自己是誰都變得陌生，身心俱疲。這時，好像就需要去找能保護自己內心的人，因為我們很難靠自己安慰自己。謝謝妳撐過來了。我們不要想得太遠，今天再撐一下就好。在此替所有受傷者所經歷的一天加油打氣。（tt***）

＊不過是想分手，卻得祭上自己的安全和性命，擔心能否「平安地」分手，這太令人難過了。（ov***）

EPISODE. 15
傍徨 II

和別人往來、相信人、敞開心扉，卻換來另一個傷口，這真是殘酷。

愛笑、不擅長拒絕的個性，成為他們的攻擊目標，讓他們得寸進尺，這真的好煩。

假如我心腸狠一點，對別人隨時有戒心，感覺不對便抽身離開，是否就不會再傷心了呢？

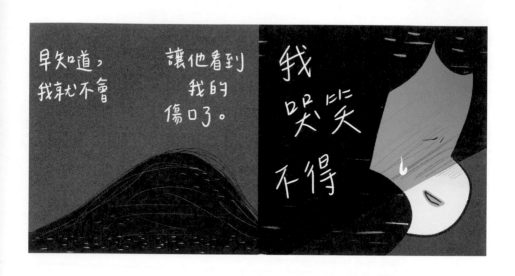

早知道，
我就不會

讓他看到
我的
傷口。

我
哭笑
不得

離開辦公室，

走進廁所。

心灰
意冷，

不過是
剎那
的事。

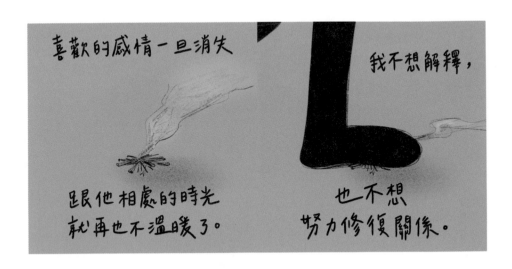

他要我
收下最後一封信
就好。

信我看了，
保重。

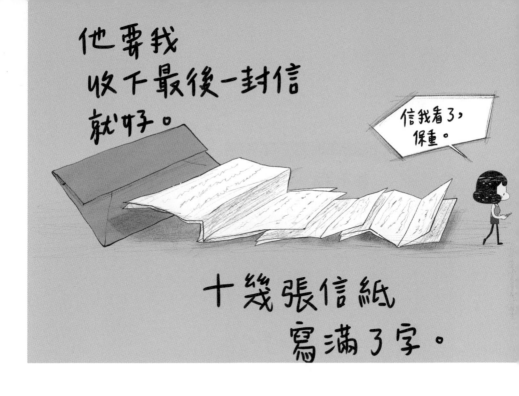

十幾張信紙
寫滿了字。

雖然幾個月後……

妳好嗎？

他又
聯絡了我。

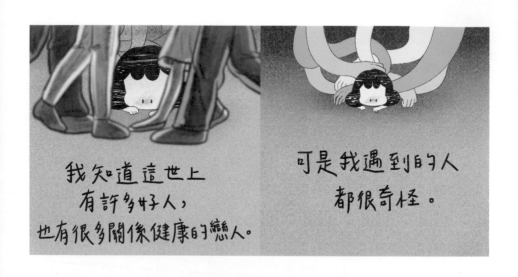

我知道這世上
有許多好人，
也有很多關係健康的戀人。

可是我遇到的人
都很奇怪。

學校的學長
要我穿
黑色透明絲襪

說男生
喜歡
若隱
若現的
刺激感。

還傳照片給我，說我長得很像A片裡的女人。

餐廳的客人

拍我的屁股，要我倒酒。

打工地方的男經理每次都操我的肩膀，摸我的頭。

還說我犯錯，就要親我。

唉……
我看起e來很好欺負吧。

因為我一副
不會生氣的樣子，
一慌張就只會
尷尬地笑。

【作者的話】

我常常自責：為什麼我會碰到一堆奇怪的人？是不是因為我看起來很好欺負？因為我不擅長表達討厭的情緒，因為我對人不夠小心，別人才不尊重我？我深陷泥淖之中，想找出自己犯了什麼錯，花了滿長的時間才走出來。希望我自己以及大家都不會再這樣了。

【讀者迴響】

＊被怪人糾纏，真的會讓人越來越失去自信，會想著：原來是因為我不怎麼樣、因為我不夠好，才會被這種人瞧不起、輕蔑對待……而常常忘記那不是我的錯。（ma***）

＊這不是特殊案例，只是我們不知道而已。我們身邊一定有這種人。多少人能有把握地說自己的周遭沒有呢？（js***）

＊有些人只看得到對方是「男性」這一點，便說：「沒有男人就活不了嗎？」但那不就是一段「緣分」而已嗎？初次見面的人，有時反而比親朋好友更常給予安慰，我們也比較容易坦誠相對。有些人會認為，終究還是得獨自克服困難，我想告訴你們：人也是可以一邊依賴別人，一邊度過難關的，許多人都是這樣慢慢獨立自主的。依賴一下又怎樣？依靠他人又怎樣？那只是每個人克服難關的方式不同而已。雖然作者難過地說「要珍愛自己」，但是有人連愛惜自己的理由都找不到，或是想要愛自己卻不知道方法。也有人是一邊看著別人如何疼惜自己，一邊學習愛自己的方法。大家只是生存方式不一樣罷了。我覺得沒有正確答案。（ju***）

＊和作者有同樣遭遇的人，好像也會被相同的想法所困。真心盼望所有辛苦的人不會再發生同樣的事情，可以安心生活。（ch***）

EPISODE. 16
警戒線

過了一陣子之後，就算不刻意把某人放在心上，就算我的心田長不出任何東西，都無所謂了，因為只要默默翻土，偶爾施肥，我自己就是一片寧靜的沃土。

某天，我想起了某段擦肩而過的緣分而難過時，從我蹲下的地方，飛起一粒蒲公英孢子。

我靜靜地觀察，看著那顆種子發芽、扎根，生出莖和葉，終於長成了蒲公英。

我看著那黃色花瓣閃閃發光，陽光燦笑的模樣。

我看著自己，慢慢望向了，自己撇過頭不去看的黑暗面。

我圍起一道厚厚的牆。

那道牆可以提防
別人接近,一律擋下。

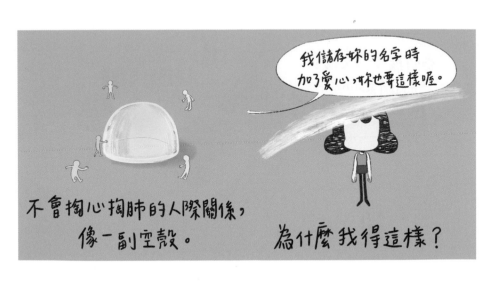

不會掏心掏肺的人際關係,
像一副空殼。

我儲存妳的名字時
加了愛心,妳也要這樣喔。

為什麼我得這樣?

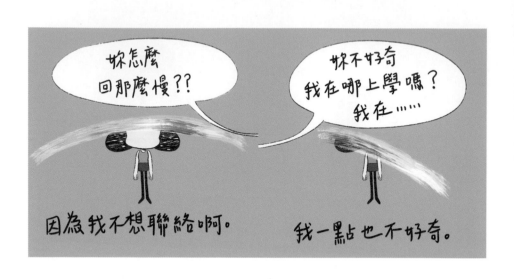

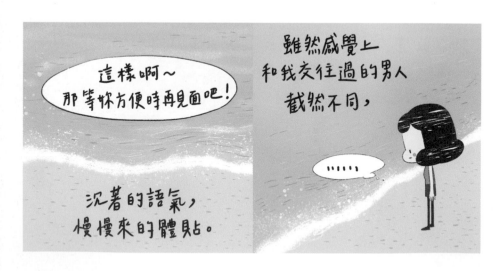

……雅莉，
我也想慢慢地
了解妳。

妳的夢想
是什麼呢？

他
不是
　強行把我捲走，

　　而是
　　　讓我能
　　　　隨波逐流

慢慢地，
　我
　深陷
　其中。

不管要做什麼，
　他都會事先問我。

雅莉～
妳心情還好嗎？
妳說很憂鬱
所以我買了麵包。
很在乎
我的情緒
和心情
我很喜歡妳！
而且好像會
越來越喜歡。
說話溫暖又得體。

【作者的話】

在這一篇裡，關於「女性在現實生活中感受到的恐懼、在社會上遇到的不公平」，他說的話，大家可能會覺得不舒服。我現在還是持續與他聊相關的紀錄片或議題，一項一項地慢慢去學習、了解。另一方面，有些人只是說了理所當然的話，就被當成「好人」，這也讓我有些感慨。

【讀者迴響】

＊只有女性才感受到的恐怖……男人真的不懂。我覺得以後還是會常常聽到「幹麼這麼敏感」、「反應太大了吧」這種話。（sh＊＊＊）

＊理所當然地給予關懷、理所當然地那麼想、理所當然地說出這些話，這樣的人太少見了，所以稱讚一個人是「好人」就是很高的評價了。現實真令人難過……（gw＊＊＊）

＊圖畫裡，雅莉慢慢浸入水中，意思是妳慢慢融入那個人，接受了他吧？同樣身為女人，我也沒把握雅莉所經歷過的，不會發生在自己身上，真難過。我一邊看，一邊覺得心痛，但願妳過得幸福。就算是因為別人、因為某段經歷或是某個男人而感到幸福，都不是什麼壞事，妳一定要牢牢記住這一點。希望妳能幸福，讓圖畫裡的雅莉變得再強大一點。（do＊＊＊）

EPISODE. 17
受困泥淖

有氣無力地躺著的時間變多了。幸好還有「憂鬱」這個詞，因為如此一來，沒來由地嚎啕大哭、覺得痛苦、晚上翻來覆去好不容易才睡著，都可以統稱為──憂鬱。

這陣子，我忙著整理周圍的人際關係，實在沒時間仔細觀察自己的狀態。

我一一地仔細查看身體發出的訊號：原來，我現在很累；原來，我耗盡了能量；原來，我的心生病了。

但是，只要照顧自己的時間增加了，我也會好起來的。隨著時間流逝，眼前的痛苦會過去的，我不會再想起自己何時憂鬱過。將會有那麼一天，我能一邊說著「當時啊……」，一邊回憶過去的日子。

跟他共度的時光
寂靜祥和，宛如清晨。

只要被他擁抱，
聞著他的味道，
我就覺得世界好溫暖。

可是，

剩下我一個人時......

未知的
不安和憂鬱
便會蠶食我。

我拿藥離開。

我應該可以
好走e來吧？

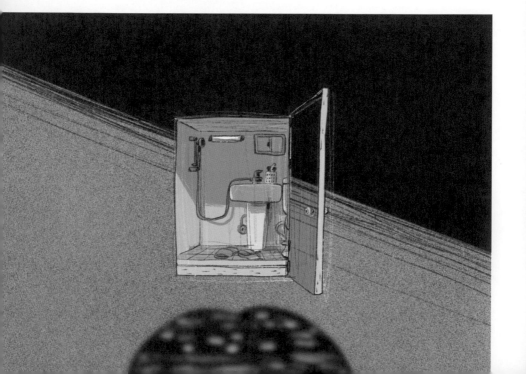

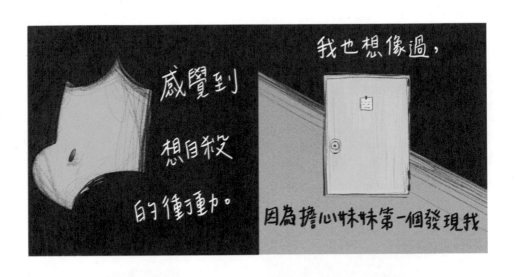

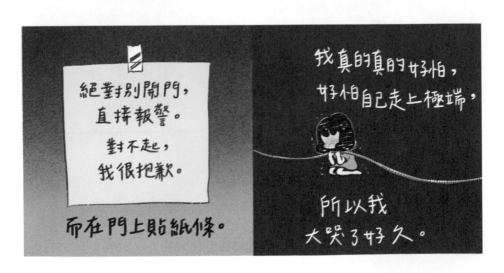

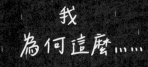

要我加油，
要我正面思考的話，

為何那麼有壓力？

雅莉，
妳是從何時開始
變得這麼依賴？

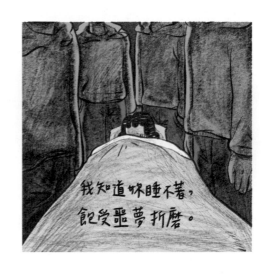

我知道妳睡不著，
飽受惡夢折磨。

妳把日記裡的傷心回憶

關在抽屜深處

真的……

辛苦妳了，雅莉。

【讀者迴響】

＊我投入感情地讀著文字，結果哭了好一會。祝妳一帆風順。（＿＊＊＊）

＊第一次看，就快速地全都看完了。作者的圖畫好像有一股力量，能讓讀者沉浸在當時的情緒之中。我太入戲了，所以覺得很難過。謝謝妳畫出這個故事，這是需要我們看完後再三回想的。（be＊＊＊）

＊希望有很多人看到，因為任何人都有可能變成「李雅莉」。（su＊＊＊）

＊本來以為已經哭完了，一直努力壓下激動，結果看到這篇時，淚腺大爆發。感覺就像未來那個幸福的自己，在安慰著過去和現在的我。這比任何人的安慰都還要溫暖動人呢！謝謝。（＿y＊＊＊）

＊雖然我的痛苦不及作者，但是，我也有過一些痛苦的經歷。在發生某件事之後，只要身邊沒人，我就會緊張、不安，連要獨自搭大眾交通工具都是艱難的挑戰。一個人在家時，真的對一點點聲響都會很敏感……但我在別人面前，裝作一切都過去了，假裝自己再也感覺不到這些情緒。就在這個時候，妳的珍貴圖文讓我差點哭出來，尤其是這一篇。真的很感謝妳。以前，我也是只會自責。但是從現在起，我要多稱讚自己一點。雅莉，真的辛苦妳了。（pa＊＊＊）

【作者的話】

圖中的加害者，為什麼都是赤腳？

露出赤腳，給人更原始的感覺。而且我覺得衣衫整齊卻赤腳的模樣，可以展現出加害者的特性：他們雖然外表看起來正常、平凡，事實上，卻不是如此。（在〈網子〉這一篇裡，為了充分呈現雅莉的高跟鞋掉了的情況，只有幾格，加害者是穿著鞋子的。）

「李雅莉」這個角色，為什麼身形嬌小？

因為我當時覺得很無力。我無法對抗生理上的力氣，也無法受到法律體系的保護。而另一層含意是：我想藉由圖像與加害者形成對比，進一步呈現加害者帶來的恐懼。不過，我認為看起來弱小的雅莉，一點一點地鼓起了勇氣往前走。嬌小的外型，對我想說的故事不會造成太大的問題。

EPISODE. 18
人人都有可能

記憶中，以前的我有如弱不禁風的紙片、被水流沖走的落葉，也像是乾枯的花朵。

但是仔細回想，我每一刻都鼓起勇氣，拚了命，一步一腳印地往前邁進。

我沒有繼續把自己困在陰暗角落裡動彈不得，而是有勇氣走到外頭，都是多虧了愛我的人，照顧我，關心我。

希望大家能記得受害者的聲音，聽見那裡面的哭聲，記得他們的痛苦。

記住，這不是與你無關的事。這樣的事情，完全有可能就發生在你的身邊。

我花了很久的時間

逃離暴力沼澤。

就算暴風雨肆虐，

太陽，
照樣會升起，
那種日子
也會
發生好事，

所以
我堅持住，
耐心等待。

可是我等了好幾年，
還是沒改變。

我逃走了。　　受傷……
再受傷，

我慢慢築起堅固的城牆。

而且說不定，

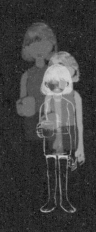

我也是你身邊的
某個人。

誰都有可能變成李雅莉。

誰都有可能變成受害者。

誰都有可能留下
忘不了的傷口，

變得無比脆弱。

這不是
別人的事。

好像什麼
也沒發生過,
彷彿黑夜消散,
黎明到來,

世上有無數個雅莉……
象我們一樣遭受約會暴力。

我們猶豫不決的 腳步
能被看到嗎？

一會不會
事情又重演

【讀者迴響】

＊吃了藥，就能睡得很好，可是，為什麼我今天又睡不著了？太習慣這段時間以來的情緒起伏。要是到了晚上沒哭，反而會不習慣，以為自己是不是哪裡不舒服。好像有人抓住我的腳往地底下拉扯，又好像聽到了有人在叫囂。有時候我會靜下來做點刺繡，有時候不摔個東西就覺得快瘋了，有時候想死。不管別人說什麼話都幫不了我，沒有人理解我。「只有我這樣嗎？」「我有問題嗎？」就這樣一天一天地潰爛掉……但我真的好想平凡地過日子。我也是……李雅莉。（yo***）

＊身為女人，而且家有女兒，這段時間我看著這個故事，發現了自己的無知。我學到了很多。受害者無法獲得保護，令人遺憾和痛心，但還是很感謝妳鼓起勇氣說出來。期盼妳的心靈創傷能夠癒合，不會留下太大的疤痕。還有，我會為妳加油。從畫下這部漫畫開始，妳就已經勝利了，妳是個堅強的女子。祝妳順心。（*****）

＊我是從中間開始看妳的漫畫的，不過，漫畫的內容與我前幾年的遭遇很像，像到我懷疑我們是不是遇到了同一個人。所以我緊張地看了每一篇。看的時候，想到了當時的自己，有時候會想閉眼不去看。當時的我覺得是自己沒用，才會遇到那種事。我痛苦了好多年。要是早點看到妳的漫畫，我會產生勇氣嗎？知道有人和自己一樣，比安慰的話語更能撫慰人。我想向妳道謝，為了我自己，也為了每個李雅莉。（*****）

EPISODE. 19
未來的路

包括鎮定劑在內的粉紅色藥丸減半了，醫院的回診週期從一週延長到三週。我擔心要是自己沒有改變，怎麼辦？不過，其實我正在慢慢恢復。

每天早上開心迎接著灑到枕邊的陽光，夜晚的新鮮空氣很好。我感到原本令我內心不安定的那些，慢慢消散了。

當房裡煙霧彌漫時，就要打開窗子，煙啊霧啊最後全都會飄到外面去，原本灰濛濛的視野將逐漸清晰起來——這一切，只需要時間。

我是約會暴力的受害者。我曾因擦肩而過的緣分感到心痛，現在則在和一位很好的對象交往，但是，我的傷口仍在。希望我的故事，能讓這樣的事實為人所知。

我和這世界上數不清的「李雅莉」相惜。我想緊緊握著她們的手，對她們說：

「那不是妳的錯。這段時間，妳真的好辛苦。謝謝妳堅持下來，謝謝妳還活著。別再難過了。」

接受
創傷治療

我仍然
到醫院
看病。

持續服用
精神穩定劑、
抗憂鬱藥物。

一個人
走路時　總是小心
看四周

我現在
可以活著，

多虧了
我珍視
的人。

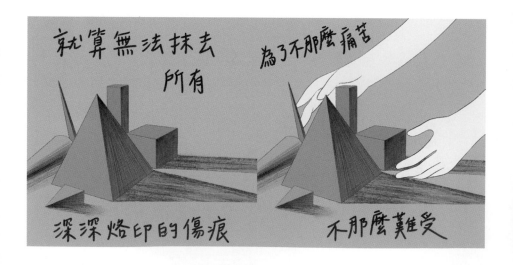

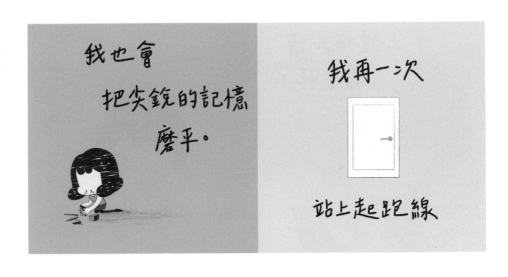

【讀者迴響】

＊雖然我是女生，但是我不清楚約會暴力的問題，覺得約會暴力的加害者都
是不適應社會的人、傳說中的瘋子，或是全身滿是刺青的混混，就像提到誘
拐兒童的人，會聯想到頭上長了角的怪物。看了妳的漫畫，我才發現真正的
加害者不是想像中的怪物，反而是我們身邊被認為是「好人」的平凡男人。
這真的很可怕。恭喜妳的漫畫連載完了。希望有更多「李雅莉」可以修復傷
口，走向幸福的未來。也希望不要再有人受害了。（＊＊＊＊＊）

＊我曾遭受約會暴力和性暴力，而過去這段時間，妳的作品給了我慰藉。以
前，我只是希望有人願意了解我的故事，能夠理解我受到傷害多年後，傷口
仍然在潰爛，難以復元，哪怕只理解一點點也好。真心感謝妳安慰了過去的
我。事實上，暴力受害者多半會受到後遺症影響，心生猜疑，感到無力，由
於擔心會反覆遭施暴而痛苦不安，筋疲力盡。但是，我覺得會感到痛苦，分
明是想要活下去的求救信號，只是求助的意志暫時減弱而已。謝謝妳為所
有的「李雅莉」帶來小小的勇氣。我也會記住妳的真心，再努力看看的！
（su＊＊＊）

＊多虧站出來發聲的作者，這個世界明亮了一些，至少照亮了我的世界，和
某些我認識的人。我會一直關注妳，支持妳的。（eu＊＊＊）

其他「李雅莉」的故事
——我們是彼此的勇氣

在畫《都是李雅莉》的時候，許多人和我分享了很多這本書放不完的故事。
為了讓大家知道「約會暴力」不只有少數人會遇到，而是社會上常見的重大
事件，我蒐集了其他遭受過約會暴力的「李雅莉」的故事，收入這本書裡。
應該被好好疼愛的妳，卻只能充滿不安地哭泣著——我想告訴妳，現在就結
束令妳傷心的那段感情也沒關係。
謝謝鼓起勇氣告訴我這些故事的許多「李雅莉」。

【第一個「李雅莉」】

我們剛交往的時候，他為我獻上一切。他說可以為我去死，我以為那就是愛，覺得幸福到不行。

我第一次對他說「不」的那天，他罵我髒話，我只覺得「他好容易生氣」，就算了；當他對我舉起手時，我只想著「他那麼生氣，會這樣也情有可原」，就算了……直到他打了我，我終於覺得「情況不對勁」，跟他提分手。

我說要分手後，他就跑到我住的地方，甚至到我的學校。雖然我換掉了所有和他有關的聯絡方式，也封鎖了通訊軟體，但是，他不斷換手機打給我，跟蹤了我好幾個月。

當時給我留下最大傷害的是身邊人的反應。「妳為什麼要跟那種人交往？」「妳應該要小心一點才對啊！」他們所謂的「安慰」，反而刺傷了我。若知道他是那種人，我就不會和他交往了啊！不是我小心就可以的啊……

雖然他的威脅和跟蹤持續幾個月就結束了，但是，身旁的人所說的話，帶來的傷害卻始終存在。

【第二個「李雅莉」】

我好像只會自責。跟他分手之後，痛苦了很久，自尊跌到谷底。

在看這部漫畫時，我才意識到自己之前一直這麼想：「除了那一點之外，他是很喜歡我、很疼我的。就像他說的，不會有人像他那麼喜歡我了。」但現在我已經甩掉那種念頭了。

因為聯絡不上我，就把我拖到巷子裡，往牆上推、勒我的脖子；傳簡訊、打電話，用可怕的髒話恐嚇我；我提分手，就跑來我家鬧上幾個小時……這些事讓我好累，但也覺得自己就像他講的，是個奇怪的人，這一切都是因為我才發生的，所以每次被施暴之後，我都覺得是自己做錯了，請求他原諒我。

回想那一段，我不應該受到那種對待的。就算他消失了，我的人生也過得好好的。

在那些事發生之前，我只在新聞裡看過約會暴力的事，一直以為只有倒楣鬼才會遇上那種事情，或者是因為一方真的犯了大錯，而另一方發脾氣的方式有點不對而已。直到自己也遇上了，才發現這樣的狀況在我們身邊很常見，即使再小的事也可能會引發約會暴力。我會一直為作者的勇氣加油的。

【第三個「李雅莉」】

我還在念書的時候，和一個年紀比我大的男人談過戀愛。剛開始，他對我真的很好，可是漸漸地，他對我提出了過分的要求，天天都為難我，要沒有性經驗的我跟他發生關係。我說我很害怕，拒絕過好幾次，他卻說要發生關係才不會和我分手。每天晚上，他都會傳色情圖片和他那裡的照片給我，還說如果我不把「第一次」給他，那至少也要把自己的「那裡」拍照給他看。

我覺得太痛苦而向他提分手，他卻威脅我說他要自殺，傳來了他走向屋頂的照片，接著就失聯——彷彿在對我說：「妳以為我死了，妳能好好活著嗎？」也像在威脅要讓警察知道他是因為我才死的。

後來，他動不動就傳來刀子架在他手臂上、他爬到高處等暗示要自殺的照片給我，然後就失聯。當時我年紀還小，實在太害怕了，所以我安慰他、哄他，向他求饒了好幾個小時。

那時的我，活在憂鬱症和自殺衝動的痛苦中。我也像他一樣會割腕，每天以淚洗面。當我突然意識到自己的行為，跟我討厭的他在做的事一樣，嚇了一大跳，我努力地接受心理治療，現在過得很好了。

世界上還是有許多以「愛」為名的施暴者，以及因此受苦的人吧。期盼能有更多人明白「約會暴力」的嚴重性，制定出完整的相關法律和政策。

【第四個「李雅莉」】

我算是個聰明、受歡迎，什麼都很好的人，但我就像個傻子一樣遇到了約會暴力。和他分手後，有好一陣子，我連聽到「約會暴力」這四個字都會警戒起來，因為我無法接受自己遭受過那種對待。

然而，隨著時間流逝，我明白了：任何人都有可能遇上約會暴力。無論多聰明、多富有、社會地位多高，都有可能遇上，因為他們也有可能在感情方面很脆弱，而約會暴力的施暴者便會鑽這種漏洞。之所以會這樣，並不是因為受害者太脆弱，而是因為這些施暴者以為自己有權獲得受害者的心，惡劣地想要操控他們。

我想告訴許多遭受過約會暴力而始終無法克服創傷的你們，請鼓起勇氣告訴身邊的人：「他對我施暴了！」那不是你的錯，所以沒有關係。就像開車技術再好，也可能被後方的車子撞上，你只是遇到了意外而已。

受害者不會因為遇到意外就變成笨蛋，或者成了意外發生的根源。犯錯的人，分明是加害者。

【第五個「李雅莉」】

我的姊姊是約會暴力的受害者。

我是透過姊姊的熟人才知道她受害，姊姊說「沒什麼」，安撫吃驚的我，還說她很快就會和那個人分手⋯⋯結果，他們兩個分不了手，開始同居，而姊姊自從住進他家之後，就失聯了。

有一天，我們全家要去奶奶家，但是約好的時間到了，姊姊沒回來。她傳來簡訊說她覺得太無辜了，所以跑到廁所，偷偷拍下像是瘀青、抓痕的施暴痕跡給我看。我打電話並傳訊息給她，想問她是不是需要幫忙，卻沒有任何回應。我感到不安，告訴爸媽真相，和他們一起去找姊姊。家裡只有姊姊一個人，看到全家人跑去找她，她很慌張，嘴上說著沒事就把我們送走了。

可是，後來我們還是常常聯絡不到姊姊。她身上的傷口變多了，全身都是瘀青，沒有一處倖免，腿也瘸了。姊姊彷彿被那個人洗腦，依附著他，就像加入傳銷的人一樣，家人的話都聽不進去。

姊姊說她有一次在家裡被打，赤腳跑到外面，大聲向路人求救，但是沒有人出面幫她。那個人一追上來就說我姊姊有精神病，又把她拖了回去。

她被囚禁起來，天天都像身在地獄。最後是她自己報警，搬離了那裡。在家裡，她自殺過兩次。這件事，深深對我們整個家庭造成難以形容的心靈創傷。

最令人心疼的是，姊姊說：「我覺得自己再也不是自己了。我不曉得自己是誰。我本來是個果決又乾脆的人，真的不知道為什麼自己會這樣，我好累。」

直到現在，我爸媽都還在吃精神科的藥。姊姊雖然仍然情緒不穩，但是生活狀況比以前好了很多。

每當回想起那段時期，都令我心痛，我不能再繼續沉默下去了。現在還有多少人是這樣過日子的呢？拜託妳讓大家知道，除了約會暴力的當事者，他們的家人也活得很痛苦。

【第六個「李雅莉」】

他是個親切的平凡人。他全心全意地對我，所以我也敞開了心扉，但是，他要求我也要為他獻出一切。

剛交往時，他就強迫我做我不想要的親密接觸，想要以他的標準綁住我。

他要求我每天出門時，把身上的裝扮拍照傳給他看，只要他有一點覺得不滿意，就會不斷打電話、傳訊息要我換掉，直到我換了衣服為止。

每當我想參加校外活動，他就說：「如果我去現場鬧得天翻地覆，別人也會講妳的閒話吧？妳要是敢去，就給我試試看。」

如果我不聽話，他會罵我、侮辱我身邊的人。當我因為收到好幾百封訊息煩到關機時，他就在我家門口站哨一整天，或是打聽到我好友的電話，千方百計地聯絡我。

最後，我決定不再交往，和他分手了。我拜託大家收到他的聯絡時，就說已經和我沒有來往了。

我都待在家裡。有一天外出時，他出現了。面目猙獰的他抓住我的手，發瘋似的把我拖進巷子裡，雖然我求他放了我，還向周圍的人求救，可是沒人願意幫我。我哭著發抖，他恐嚇我，質問我為什麼要把他變成壞人。

他的事情對我造成很大的創傷，我有好一陣子都沒辦法好好談戀愛。由於害怕說出那段經歷，他會報復，所以我也不敢報警。當時的我真傻，沒能好好珍視我自己。我覺得現在寫下了這篇文章、不像以前那樣只會哭的自己，非常了不起。希望和我也有同樣經歷的人不要躲起來。希望你們可以優先想到自己，保護好自己。

【第七個「李雅莉」】

大概是我最後說要分手的時候吧，那個人一如往常，以同樣的手法挽留我，雖然我想著「不該這樣的」，但我還是又被他留住了。他緊緊地抱住我，說會好好保護我，求我不要跟他分手。

他常常都想和我做愛，和好的那天，我們也做了。很神奇的是，那天我有種特別奇怪的感覺，所以做完後，我偷偷查看他的手機，發現裡面有支影片錄下了我剛才的背影。

因為這件事，我跟他徹底斷了關係。他當時說的話，我至今還記得……我問他為什麼要拍那個，他說因為我常常讓他沒有安全感，擁有那支影片，讓他覺得自己在我們的關係中占了上風，我才不會又跟他提分手。

【第八個「李雅莉」】

不斷發生的言語暴力、暴行、監禁、殺人未遂……我有種「再這樣下去真的會死掉」的強烈直覺，所以從後門離家，搭計程車到警察局。我覺得除了警察局之外，沒有任何地方可以保護我。

我告訴警察他對我施加的言語暴力、身體暴力和性暴力。負責的刑警看到我身上的傷口和照片，說我待在家裡很危險，所以我在約會暴力受害者的保護機構裡，待了一個禮拜左右。

警察說那段時期，他很配合警方的調查。他說，因為小時候被父親虐待，所以患有憂鬱症和各種精神不穩定的障礙，合理化自己的罪行。他在警察面前苦苦求饒，承認自己錯了，說自己已經反省過了。負責約會暴力案件的刑警說，所有的加害者在接受調查時，都會表現出「不會再犯」的反省模樣，要我絕對不能被騙了，不能原諒他的罪行又繼續交往。

那瞬間，我不知道自己為何會那麼依賴那種人。我強烈地感覺到自己被背叛了，感到怨恨，而很快地又轉為憤怒和自責。後來，我換掉電話號碼，也搬了家。

從那時到現在還不到一年，我現在不吃藥就很難維持正常的生活。

【第九個「李雅莉」】

我是被情感操控的受害者。

從國三到高中畢業為止，我在學校都被排擠，那段過往，使我在長大後變得消極，沒有自信，那時我遇到了他——

他在公司備受重視，對人溫柔，個性開朗。和他在一起，我真的好幸福。我向他傾訴傷心的過往，得到了撫慰。

但是後來，他開始處處批評我。不只批評我的說話方式、表情、身材和打扮，每次和別人來往時，他會這麼說：「妳在講什麼啊？妳這樣想好怪喔。真糟，妳真的好奇怪。」「別人想的和妳想的不一樣，妳好像是哪裡有問題。」「以我的常識來說，我實在搞不懂妳。老實說吧，真的讓我太訝異了。妳應該要去看看精神科。」這些話讓我對自我認同產生混亂。

剛開始我會回：「才不是這樣。每個人的想法都不一樣。」

他卻說：「妳就是這樣才會被排擠。」「我好像知道妳在學校裡是怎樣的了。現在的朋友知道妳以前的樣子嗎？」「藏好一點，妳超奇怪的。」用這種話來傷害我。

因為一再地聽著這些，結果我也放棄自己了，我漸漸變得很難和別人來往，孤單地掉進洞裡，哭著自殘。他則說：「看妳這樣，我也很難過。為什麼愛著妳，我也會感到辛苦？」「沒關係，只要妳乖乖聽話，看起來就像個正常人，只要妳聽我說的去做就好了。」「不是有我在嗎？就算妳那樣，我也愛妳。」我也否定了自己，覺得若沒有他的提醒，我在別人眼裡就不正常，所以全身心都依他說的，獻給了他。

幸好，我自己逃離了那處地獄。

偶然間，我在網路上看到有人分享被情感操控的經驗，有如當頭棒喝，房間裡亮起一道明光。我找了情感操控的相關書籍來看，整理好過去那段可怕的時光，走向外面的世界。

雖然在和他分手之後，我仍會自我懷疑，但我不想再活在他的陰影下，因為我是珍貴的。分手後，我找回了我的生活和愛我的朋友們，也有了戀人，他愛我，尊重最原本的我。

希望我的故事，能幫助受害者變得堅強，找到自己的光芒。

【第十個「李雅莉」】

他本來就愛喝酒，由於他工作的關係，晚上才下班，所以我們都是在酒館約會。每次他都會喝到失去理智，剛開始是大喊大叫，醉了就亂丟東西。

漸漸地，他的行為變本加厲，對我飆髒話、朝我丟東西、辱罵我，還動手打我，但是隔天，他就不記得前一晚發生的事。那時離不開他，是因為我覺得他平常很溫柔，一心一意地對我，他只為我而活，真的愛我。

又過了一段時間，我們的關係越來越親密，他變成平常也會顯現出火爆的個性，開車開到一半罵髒話、暴怒之類的。我得在晚上把喝醉的他帶回家，安撫在大街上吼叫的他，到警察局找捲入紛爭的他⋯⋯可笑的是，當他喝到神智不清、對我破口大罵時，只要有人經過他就會安靜下來，那更讓我覺得自己好悲慘。

不管我怎麼怨他，他都會說自己不記得了，說因為面對我的時候很自在才會那樣，說自己是受過很多傷的人，試圖挽留我。他也對我越來越執著，我怕到不敢提分手。愚蠢的我因為「愛」，都沒發現自己在慢慢崩壞掉。

雖然如今我克服了困難，在和一個很好的人交往，但是，如果有像當時的我一樣的人在看這篇文章，我想給妳「逃跑的勇氣」，與其天天在地獄似的世界苦撐著，還不如靠著那股力量和勇氣——逃走吧。

【推薦文】

關於典型的「約會暴力」

文◎金度妍（韓國「約會暴力研究所」所長）

「約會暴力」的類型非常多元，除了限制行動、情緒暴力、身體暴力和性暴力之外，還包括跟蹤、干涉社群軟體的使用等。而且，這些暴力行為是反覆地隱密進行，所以不容易被旁人發現，而多半會釀成重罪。尤其是限制行動（讓對方遠離家人和朋友、檢查手機或郵件、限制對方的打扮或禁止參加聚會等行為），很常在約會初期出現。

隱藏在「愛與關心」的面具背後的「心理虐待」，剛開始是察覺不到的，但是，那會不知不覺地戕害受害者的自尊，加深受害者的不安感與羞恥感，讓受害者感到混亂。加害者對於受害者的執著、占有欲和完全以自我為中心的欲望，會變成對受害者造成身心傷害的嚴重暴力。受害者逐漸感受到極度強烈的恐懼和害怕，情況越來越糟，不知不覺地被困在加害者的世界裡。

約會暴力是一步一步變得嚴重，加害者等到對方完全落入圈套之後，才會脫掉面具，所以當清楚地意識到暴力時，受害者通常早就陷入難以擺脫的無力感和絕望之中。

遺憾的是，加害者對外展現的形象，與對受害者表現的往往截然不同，所以旁人不太容易發現有約會暴力的問題，而且在這樣的情況下，受害者的控訴不容易被旁人接受，導致受害者與外部世界的心理隔閡不斷加深。當原本信任、依賴的戀人，突然轉變成威脅生命的恐怖情人時，受害者便沒有人可以

求助了。

大部分的約會暴力加害者在施加身心虐待後，都會想將自己的暴力行為「合理化」，將暴力的責任推給對方，把自己所做的合理化成正常的行為，這是心理虐待的初期徵兆，我們稱為「情感操控」（捏造情況，讓對方懷疑自己的記憶和判斷能力的一種心理虐待）：就算很明顯有暴力情況發生，此時，問題的焦點也會從加害者轉到受害者身上，痛苦的關係就在這種「事實被扭曲」的情況下，繼續維繫。

值得注意的是，情感操控手法相當巧妙，會使對方的判斷能力下降，所以無論是誰遇到這種狀況，都很難輕易逃脫。我們常常問受害者：「為什麼會淪落到受虐的情況？」「為什麼不積極地自我保護？」或是：「為什麼不斷個乾淨？」但是我們應該要知道，暴力分明是加害者施的，應該覺悟到不管有什麼理由，暴力都是一種犯罪，所以不能以愛之名將其合理化。

大部分的加害者在施暴後，都會想盡辦法向受害者道歉，懇求原諒。他們會暫時地承認自己有問題，卻不會對自己的行為負責。仔細觀察，會發現他們經常使用對自己有利的話語來道歉，或是激發對方的同情和憐憫，粉飾太平，所以需要多加注意這一點。只要加害者施暴過一次，很容易過不了多久又故態復萌，持續地惡性循環下去。因此，重要的是理解並察覺約會暴力的信號，即使是偶發性的暴力，也要在初期就果斷地做出回應。

首先，要向對方明確表達「不想繼續維持這段關係」。為了之後的安全著想，必須做好準備，告知家人或朋友真相，並向相關機構尋求協助。

許多人會害怕在這個過程中遭到報復，擔心自己的人身安全，所以很難積極地鼓起勇氣。確實，斷絕關係可能比想像中的還要花時間。儘管如此，還是

要切記，這麼做可以改變目前的情況。

記住：這是一趟照顧自我的療癒之旅。希望受害者可以重新振作起來，為自己內在的聲音加油。有時，混亂的情緒會有如波濤席捲內心，這是很自然的，受害者無須為此感到困惑。此時，最好平靜地去理解內心的情緒起伏，對自己說：「沒關係。」暫時讓心情平復下來。請記住：這一切絕對不是自己的錯。讀這本書的時候，有好幾次，我不得不先平復難過的心情，再繼續看。我熬夜讀了一遍又一遍，看到一起痛苦、一起分享內心歷程的人們，也會哽咽。推薦文寫到收尾之處，我想再次向作者表達深深的謝意。她將自己從約會暴力的傷痛之中撐持起，開拓出一條治癒之路。她的經驗帶給了一同參與本書的，世上無數的「雅莉」安慰和鼓舞，同時，也是一股珍貴的力量，讓我們能同理受害者，導正社會關於約會暴力的認知，使我們能夠一路同行。期盼作者今後的人生，以及世上所有「雅莉」的人生，都充滿祝福與幸福。同時，我也要向出版社的開闊眼界與醒覺的智慧表達謝意。

【作者的話】

我是李雅莉

我之所以動筆將遭受「約會暴力」的經歷畫成漫畫，其實是為了自己，因為即使事情過去了，那段記憶仍然留在我的內心深處，不斷地倒帶重播。每當我想起那件事，就會自責：「當時我為何分不了手？」激動地恨著那個人。雖然說起來是滿久以前的事了，但是對我而言，那不是過去式，而是「現在進行式」，莫名的不安和緊張、飽受噩夢折磨、沒來由地陷入憂鬱、每天都無精打采。留下傷口的那個人消失了，只有我被留了下來，帶著傷口，夜夜傷心淚流。

剛開始，我是從記得的畫面開始，慢慢畫出來後上傳，雖然篇幅不長，但是「必須想起具體場景」這件事，令我很辛苦。不過，把事情經過畫了出來，就像在對著不知道名字的某個人傾訴一樣，心情也舒暢多了。

隨著讀者慢慢增加，透過社群軟體傳訊息給我的人也變多了，我才發現，原來有比我想像中更多的人深受約會暴力之苦。約會暴力不是只有我遇過的特殊狀況，我所經歷過的暴力對待、辱罵、威脅，甚至是性虐待，與其他人的情況相似到令我起雞皮疙瘩。我害怕自己會曝光，所以戴著「李雅莉」的匿名面具說故事，然而，這個世界上，早就有數不清的「李雅莉」了。

我想為看到這部漫畫的「雅莉」們加油，想要讓妳們擺脫那樣的情況，想要緊緊握住妳們的手說，這不是妳們的錯。

我也想對將矛頭轉向受害者、帶來二次傷害的那些人一一解釋：為什麼我們

317

只能在爛泥裡苦苦掙扎，為什麼我們無法堅決地處理，為什麼我們只能一味地受害，為什麼我們如此痛苦、難受。

任何人都有可能變成「李雅莉」，任何人都有可能變成約會暴力的受害者。

任何人都有可能產生忘不掉的傷痛，變得比誰都脆弱。

希望讀者能領悟到：

「李雅莉」的故事不是別人的事，「李雅莉」就在我們身邊。

這世界上有許多「李雅莉」，像我們一樣是「約會暴力」的受害者。

【自我檢查表】

我正身陷「約會暴力」之中嗎？

──約會暴力初期階段的行動限制類型

· 他會限制我的打扮，不管我是怎麼想的？

· 他會隨時檢查我的手機、郵件、個人部落格或社群軟體？

· 他限制我參加社團活動或聚會？

· 就算知道當下我不方便聯絡，他也會不斷地想辦法找我？

· 他會控制、干涉我的行程？

· 他不讓我見朋友，讓我遠離親朋好友？

· 他總是想確認我當下和誰在一起？

· 就算我拒絕，他也會強求我做他想做的事？

· 如果我做的事情不合他的心意，他就不讓我做？

· 他不斷懷疑我跟其他異性見面？

【資料來源：韓國「約會暴力研究所」】

約會暴力不是愛，而是犯罪。
全國婦幼保護專線：「113」。

國家圖書館預行編目資料

都是李雅莉：「約會暴力」——誰都可能受
害，卻誰也不敢說／李雅莉著；林芳如譯. --
初版. --臺北市：寶瓶文化，2020.5
面； 公分. --(Vision；196)
ISBN 978-986-406-190-7(平裝)
1.暴力 2.戀愛 3.兩性關係 4.漫畫
541.627   109005232

Vision 196

都是李雅莉

「約會暴力」—— 誰都可能受害，卻誰也不敢說

作者／李雅莉　　譯者／林芳如

發行人／張寶琴
社長兼總編輯／朱亞君
副總編輯／張純玲
資深編輯／丁慧瑋　編輯／林婕伃
美術主編／林慧雯
校對／丁慧瑋・陳佩伶・劉素芬
營銷部主任／林歆婕　業務專員／林裕翔　企劃專員／李祉萱
財務主任／歐素琪
出版者／寶瓶文化事業股份有限公司
地址／台北市110信義區基隆路一段180號8樓
電話／(02)27494988　傳真／(02)27495072
郵政劃撥／19446403　寶瓶文化事業股份有限公司
印刷廠／世和印製企業有限公司
總經銷／大和書報圖書股份有限公司　電話／(02)89902588
地址／新北市五股工業區五工五路2號　傳真／(02)22997900
E-mail／aquarius@udngroup.com
版權所有・翻印必究
法律顧問／理律法律事務所陳長文律師、蔣大中律師
如有破損或裝訂錯誤，請寄回本公司更換
著作完成日期／二〇一九年
初版一刷日期／二〇二〇年五月
初版二刷日期／二〇二〇年五月二十五日
ISBN／978-986-406-190-7
定價／三九〇元

다 이아리
Copyright © 2019 by IARY
Complex Chinese translation copyright © 2020 Aquarius Publishing Co., Ltd.
This translation was published by arrangement with Sam & Parkers Co., Ltd.
through SilkRoad Agency, Seoul.
All Rights Reserved.
Printed in Taiwan.